INDICE

INTRODUZIONE

Il presente libro intende analizzare come nella specie umana l'attaccamento del bambino nei confronti del caregiver, la madre o di un'altra figura di riferimento che se ne prende cura, è un prerequisito importante e un banco di prova per tutti i successivi attaccamenti.

Da questa prima relazione derivano tutta una serie di aspettative e assunti che influenzeranno i successivi rapporti sociali, così come sostenuto dalla teoria dell'attaccamento e dalla ricerca da cui questa ha avuto origine. La mente del bambino, per potersi sviluppare, ha bisogno di entrare in contatto con la mente degli altri.

La "mente" e la "personalità" del bambino si organizzano attraverso le relazioni, in termini di un *sé in rapporto con gli altri*. Ciò è ormai confermato dai più recenti studi nei vari ambiti della psicoanalisi, delle neuroscienze e delle teorie dell'attaccamento.

Quindi la capacità del caregiver (di solito la *mamma*, ma in generale la figura di accudimento principale e significativa, che può anche essere il padre, il nonno, ecc.) di costruire degli scambi interazionali adeguati con il bambino nelle prime fasi della sua vita, andrà a favorire lo sviluppo del primissimo Sé, e metterà le basi per le successive capacità di regolazione degli affetti nonché della futura sicurezza/insicurezza all'interno delle relazioni che svilupperà nel corso della sua vita (Bromberg, 2006a).

La teoria dell'attaccamento postula che gli esseri umani hanno una predisposizione innata a formare relazioni di attaccamento con le figure genitoriali, che queste relazioni hanno la funzione di proteggere la persona accudita ed esistono in forma stabile già alla fine del primo anno di via. Bowlby ha formulato la base della teoria dell'attaccamento utilizzando concetti tratti dall'etologia, dalla psicoanalisi e dalla cibernetica. Successivamente Mary Ainsworth ha ampliato la teoria dell'attaccamento spiegando le differenze individuali, nonché osservando con la "Strange Situation" il legame presente tra la madre e il proprio figlio secondo diversi stili di attaccamento e dando valore al concetto di caregiver come base sicura. Secondo Bowlby dall'interazione col proprio ambiente e dalla relazione con l'altro, l'individuo costruisce rappresentazioni mentali definite Modelli Operativi Interni (MOI) che hanno la funzione di veicolare la sua percezione e interpretazione degli eventi, consentendogli di fare previsioni e crearsi aspettative sugli accadimenti della propria vita relazionale. Quindi, i MOI permettono al bambino, e poi all'adulto di prevedere il comportamento dell'altro guidando le risposte, soprattutto in situazioni di ansia o di bisogno, ed agire a sua volta.

Il primo capitolo è, dunque, un breve excursus dalla teoria dell'attaccamento all'analisi dei diversi stili di attaccamento e dei modelli operativi circa l'evoluzione delle relazioni sociali del bambino.

In tale prospettiva si inserisce il concetto di "trasmissione intergenerazionale", cioè il modo in cui, nel corso della vita certi valori quali l'affetto, l'amore e il tipo di attaccamento vengono trasferiti e filtrati da una generazione ad un'altra: siamo genitori a partire dai bambini che siamo stati e dai genitori che abbiamo avuto in termini di attaccamento e stili di attaccamento; così come siamo educatori e instauriamo la relazione educativa col bambino secondo un determinato stile di attaccamento che abbiamo sviluppato e che il bambino in relazione con noi, a sua volta, ha sviluppato a partire dalla sua relazione col caregiver.

Difatti, nel secondo capitolo, si è voluto dedicare una parte importante su quello che è il ruolo dell'educatore come figura di riferimento, quali sono le sue competenze nel rapporto che instaura con l'educando e soprattutto si è voluto dare valore al tema del passaggio del testimone dal caregiver all'educatore nella prospettiva di un attaccamento sicuro.

CAPITOLO 1
LO SVILUPPO DELL'ATTACCAMENTO

1. La teoria dell'attaccamento e l'evoluzione dei rapporti sociali

Un problema generale che si propone subito a chi affronta il tema dell'individuo è quello delle grandi differenze nel comportamento dei vari soggetti. In effetti, non esistono due individui che siano uguali nei gusti, nell'intelligenza, nel carattere, nella cultura, nelle abitudini o in qualche altro aspetto del comportamento: la conclusione è che *ogni individuo è unico*.

Coloro che hanno indagato nel corso degli anni su questa evidenza, siano essi medici, psicologi, sociologi, pedagogisti, hanno concluso che fattori coinvolti nella formazione di un individuo sono numerosissimi, ma comunque possono essere raccolti nelle due grandi categorie dei *fattori biologici* e dei *fattori ambientali* (Bee, 1992).

I fattori biologici, dovuti al patrimonio genetico-ereditario, esercitano la loro azione durante tutto l'arco dell'intera vita, cominciando all'atto del concepimento stesso. Si parla anche di caratteristiche *innate*. La maturazione organica di tutti gli individui segue una sorta di tabella di marcia stabilita dai geni. Tuttavia, all'interno di questa tabella di marcia, ci possono essere variazioni dovute all'influenza dei fattori ambientali: lo sviluppo dei geni avviene sempre in un

4

determinato ambiente e la natura di tale ambiente ha un peso sullo sviluppo dell'organismo.

I fattori ambientali sono tipici del mondo che circonda l'individuo e cominciano ad agire solo dopo che è iniziata la vita. Questi fattori, ad esempio, includono le malattie che la madre può contrarre in gravidanza, la quantità e la qualità dell'alimentazione e, sicuramente, dal punto di vista dell'operatore sociale, le esperienze di vita.

Ad ogni modo, i fattori biologici e i fattori ambientali sono le due facce della stessa medaglia ed è evidente che questi due tipi di fattori si combinano ed interagiscono assieme in modo complesso, tanto da far risultare difficile i singoli effetti nello sviluppo dell'individuo (Gergen e Gergen, 1986).

Il concetto di sé è un elemento molto importante per la personalità definitiva del bambino, ma sia il sé, sia lo stile e lo schema del comportamento emergono grazie agli scambi sociali con gli altri e in essi si manifestano. Uno dei concetti chiave a proposito di studio dei rapporti sociali riguarda l'*attaccamento*, termine usato soprattutto nella prospettiva teorica di John Bowlby (1980) e Mary Ainsworth (1982).

L'opera di Bowlby ha ispirato nuovi metodi, concetti e modi di osservare i principali fenomeni dello sviluppo umano. Il suo lavoro integra e trasforma le conoscenze precedenti di matrice psicoanalitica, sviluppando la conoscenza dell'impronta fondamentale delle esperienze infantili sulla personalità futura, con particolare riferimento alle prime relazioni significative.

Secondo la Teoria dell'Attaccamento e gli studi del suo fondatore John Bowlby, il bambino ha un bisogno innato di attaccamento alla propria figura di accudimento (caregiver), al fine di stabilire un legame che abbia, innanzitutto, un valore di sopravvivenza, di protezione dai percoli esterni.

Si intende infatti, per "attaccamento", "la propensione innata a cercare la vicinanza protettiva di un membro della propria specie quando si è vulnerabili ai pericoli ambientali per fatica, dolore, impotenza o malattia" (Bowlby, 1969, cit. in Liotti, 1994); per cui, per comportamento di attaccamento si intenderà "quella forma di comportamento che si manifesta in una persona che consegue o mantiene una prossimità nei confronti di un'altra, chiaramente identificata, ritenuta in grado di affrontare il mondo in modo adeguato. Questo comportamento diventa evidente ogni volta che la persona è spaventata, affaticata o malata, e si attenua quando si

ricevono conforto e cure" (Bowlby, 1988).
Quando nasce, il bambino è da subito un essere sociale: pur immaturo su un piano fisiologico (sarà necessario un certo periodo per sviluppare la locomozione, il linguaggio, ecc.), egli nasce già in un certo senso "competente" per quanto riguarda la comunicazione.

Già dalla nascita si possono infatti osservare delle "protoconversazioni", con un orientamento verso il genitore, la capacità del lattante di imitare alcuni movimenti della bocca e della testa degli adulti. Ci sono infatti, come già argomentato, delle competenze già presenti alla nascita nel bambino, biologicamente determinate, che tuttavia necessitano della *relazione* e dell'incontro con una madre che sia in grado di sintonizzarsi con lui per costruire un legame di attaccamento.

Il *legame di attaccamento* si sviluppa tra la madre (o altro caregiver) e il bambino dalla nascita e nei suoi primi anni di vita, iniziando a strutturarsi più compiutamente già verso i 7-9 mesi, e completandosi verso i 3 anni, ma con integrazioni e modificazioni che avranno luogo per il resto della vita nel corso delle relazioni significative. Insieme al legame di attaccamento si formeranno i *modelli operativi interni*, i quali diverranno una sorta di "mappa interna" in grado di orientare attraverso modalità tipiche il bambino (e poi l'adolescente e l'adulto) nel suo modo di "stare" nelle varie relazioni della sua vita.

Già dalla nascita e nel primo anno si osserva il comparire di azioni "sociali" del bambino che attivano una risposta nell'adulto (ad esempio il sorriso, già dalla quarta settimana) e che danno il via a cicli di interazione e di rispecchiamento mamma-bambino; si nota inoltre una propensione innata del bambino a ricercare la *vicinanza* protettiva della figura di attaccamento, cui il bambino ritorna (effetto *base sicura*) quando si sente stanco, minacciato, irrequieto, per poi ricominciare ad esplorare il mondo. Quando è invece la figura di attaccamento ad allontanarsi, allora il bambino attiva una *protesta* alla separazione, con pianti e urla, per richiamare la figura di attaccamento e ristabilire la vicinanza protettiva. Tutto ciò testimonia l'esistenza tra i due di un legame di attaccamento.

Compito fondamentale del primo anno di vita è infatti proprio questo: la costruzione di questo legame di attaccamento e di comunicazione emotiva tra il bambino ed il caregiver, un legame che continuerà a formarsi e consolidarsi nei successivi anni.

Il legame di attaccamento si sviluppa attraverso scambi interattivi e comunicativi tra madre e bambino. Sono scambi prevalentemente *visuo-facciali* (come accade attraverso l'uso del sorriso e dello sguardo), *tattili* (ad esempio durante le cure quotidiane, il cullare, tenere in braccio); e *uditivo-prosodici* (attraverso la voce materna, il ritmo della ninna-nanna, la voce calma che lo rassicura quando sta male).

Durante questi scambi la madre deve *sintonizzarsi* sul piano psicobiologico con il bambino, e quindi riuscire a rispondere all'alternarsi di stati diversi di attivazione interna del bambino, al crescendo e decrescendo di attivazione che il bambino sperimenta dentro di sé. Il bambino non ha infatti ancora maturato una capacità autonoma di regolare questi stati, ed è pertanto la madre che sintonizzandosi con lui deve modularli, riducendoli se eccessivi, e stimolandone l'attivazione se è carente. Si avvia così una sorta di *dialogo* tra i due, in cui le espressioni facciali e le emozioni collegate, le vocalizzazioni, e i movimenti reciproci, guidano l'interazione, attraverso una "condivisione di stati" e attraverso interazioni (anche brevissime, momento per momento), in cui i due si sintonizzano sullo stato dell'altro, modulando e aggiustando le proprie interazioni.

Ci sono naturalmente anche dei momenti in cui la sintonizzazione della madre con il bambino non è "perfetta". Questi momenti provocano una temporanea *rottura* del legame di attaccamento e quindi uno *stress* per il bambino, che egli non è ancora in grado di affrontare in modo autonomo. La madre può però intervenire sintonizzandosi sull'affetto negativo sperimentato dal bambino e aiutarlo così a regolare l'affetto negativo attraverso una copartecipazione. Questo alternarsi di *"rotture e riparazioni"* è la norma nelle interazioni, e la rottura non è di per sé nociva se c'è poi una riparazione, anzi consente al bambino di sperimentare progressivamente che esistono anche gli affetti negativi, che questi possono essere tollerati, e che si può regolare lo stress che deriva dalla relazione, mettendo così le basi per lo sviluppo di una capacità di regolazione autonoma degli affetti.

2. Gli stili di attaccamento

La Ainsworth, dopo aver osservato nelle sue ricerche una notevole variabilità nel comportamento d'accudimento delle madri ed in quelli di attaccamento nei bambini, mise a punto una procedura sperimentale (Strange Situation Procedure - SSP), con la quale poter identificare i differenti stili (pattern) di attaccamento nelle interazioni madre-bambino.

Tale procedura, svolta in un setting di laboratorio, ha una durata di circa 30 minuti ed è suddivisa in otto episodi:

1. la madre ed il bambino (di età compresa tra i 12 ed i 18 mesi) vengono accompagnati in una stanza;

2. la madre ed il bambino vengono lasciati da soli; il bambino è libero di esplorare l'ambiente;

3. viene introdotta la presenza di uno sperimentatore che parla con la madre e cerca di interagire con il bambino;

4. La madre viene allontanata dalla stanza per tre minuti e il bambino rimane da solo con lo sperimentatore;

5. la madre ritorna, lo sperimentatore esce; si procede all'osservazione della riunione tra madre e bambino;

6. la madre esce dalla stanza e lascia il bambino da solo;

7. lo sperimentatore rientra;

8. la madre rientra e lo sperimentatore esce.

L'intera sequenza viene videoregistrata da due telecamere posizionate nella stanza e classificata in base ai comportamenti del bambino nei momenti di separazione e riunione con la madre, in base a diversi aspetti quali: la ricerca di vicinanza, il mantenimento del contatto, l'evitamento, la resistenza, il pianto. Inizialmente, in seguito a queste osservazioni, sono state classificate tre tipologie di pattern di attaccamento:

• Sicuro (TipoB): caratterizzato dal fatto che il bambino protesta vivacemente al momento della separazione (piange, si dirige verso la porta da cui la madre è uscita, rifiuta di farsi consolare o distrarre dallo sperimentatore) e si calma al momento della riunione, accogliendo l'abbraccio della madre come una fonte sicura e immediata di conforto;

• Insicuro-evitante (Tipo A): caratterizzato dal fatto che il bambino non protesta (non piange, non cerca di seguire la madre) al momento della separazione. Durante la riunione, il bambino evita attivamente la madre (non accoglie il suo invito all'abbraccio, continua a giocare e distoglie lo sguardo da lei);

12

• Insicuro-ambivalente (Tipo C): il bambino protestala al momento della separazione (come nel tipo B), ma non si lascia confortare durante la riunione: anche se tra le braccia della madre, continua a piangere come al momento della separazione.

Il quarto pattern di attaccamento è stato identificato successivamente (Main e Solomon, 1990):

• Disorganizzato/disorientato (Tipo D): caratterizzato da una mancanza di organizzazione del comportamento di attaccamento. Il bambino mostra forti oscillazioni dell'attenzione verso la madre: sono, ad esempio, bambini che, al momento della riunione, si avvicinano alla figura di attaccamento con la testa voltata da un'altra parte, o che si immobilizzano all'improvviso, come pietrificati, con lo sguardo nel vuoto,ecc.

L'osservazione dell'interazione tra madre e bambino ha condotto alla considerazione secondo cui esiste una forte correlazione tra lo stile di attaccamento della madre e lo stile di attaccamento del bambino.

Le madri dei bambini *sicuri*, sono sensibili, sintonizzate col bambino, offrono accudimento giocoso e contenimento, si dimostrano stabilmente disponibili a rispondere positivamente alle richieste di vicinanza e conforto espresse dai figli; esse appaiono sensibili ai diversi segnali di disagio del bambino, quando questi chiede aiuto e cura. Le madri dei bambini *insicuri evitanti* sembrano

13

meno sintonizzate con il bambino, meno in grado di rispondere alle sue esigenze se non in modo funzionale e concerto, mentre rispondono in modo meno efficiente su un piano affettivo; si dimostrano propense a respingere o ignorare le richieste di vicinanza dei figli. Spesso hanno una mimica molto rigida e povera nell'interazione col bambino, oppure una mimica che segnala ai figli, in maniera inequivocabile, il desiderio di tenerli a distanza.

Le madri dei bambini *insicuri ambivalenti* possono rispondere in modo sensibile ai bambini, però non in modo costante, e offrono così al bambino delle risposte imprevedibili; l'imprevedibilità riguarda la disponibilità a rispondere positivamente alle richieste d'aiuto, vicinanza e conforto espresse dal bambino. Le madri dei bambini *disorganizzati* sono, per lo più, madri che soffrono per la mancata elaborazione di un lutto, o di gravi eventi traumatici, ecco perché, nella Strange Situation, l'espressione, lo sguardo di tali madri appare come caratterizzato da immersioni in un doloroso mondo interiore, e quindi del tutto assente rispetto alle richieste del bambino (Liotti, 1994).

Ciò significa che la rappresentazione mentale della relazione tra la futura madre con i suoi genitori ci dà indicazioni utili sullo lo stile di attaccamento del bambino, utili anche per un eventuale intervento a *supporto* della relazione madre-bambino e dello sviluppo.

Ad esempio una mamma che è riuscita ad elaborare in modo *coerente* il proprio passato e le proprie relazioni infantili con i genitori può riuscire ad accettare il proprio passato, perdonare i torti, accedere alle relazioni con maggiore fiducia, una fiducia relazionale che può essere poi interiorizzata dal bambino.

Una mamma che non è riuscita ad elaborare il proprio passato relazionale può trovarsi invece ancora *invischiata* nelle proprie relazioni infantili, che sono descritte in modo incoerente; può avere difficoltà a separarsi dalla famiglia di origine da cui risulta ancora dipendente emotivamente, e provare ancora risentimento e ostilità per quanto vissuto nell'infanzia, ma allo stesso tempo cercare ancora di conquistare la stima e l'affetto dei genitori. Il bambino in questo clima manifesta la stessa ambivalenza, con una ricerca ansiosa della mamma, ma allo stesso tempo un vissuti di rabbia e di paura.

Sul versante opposto troviamo le madri che appaiono molto *distaccate* rispetto alle proprie passate relazioni di attaccamento, che ricordano poco dell'infanzia e delle relazioni precoci, che danno poco valore al passato e non conservano ricordi affettivamente pregnanti nemmeno delle esperienze dolorose, quasi se ne volessero difendere negando e "cancellando" i vissuti del passato. Il bambino allo stesso modo tenderà così a mantenersi distaccato dalle relazioni emotivamente coinvolgenti, e a difendersi dagli affetti negativi come la rabbia e la paura.

15

Infine troviamo le madri con uno stile di attaccamento *disorganizzato*, di solito a seguito di abusi o traumi, che non sono in grado di sintonizzarsi sulle esigenze del bambino, di maturare una capacità di regolazione affettiva o processi di pensiero utili a comprendere eventuali stati di disagio del bambino; in questi casi troviamo una forte correlazione con uno stile di attaccamento disorganizzato anche nel bambino.

Le radici della relazione madre-bambino affondano quindi in parte nel presente della relazione attuale con il bambino, in parte nella storia relazionale della madre. Le relazioni di attaccamento sono comunque sempre in evoluzione e subiscono gli apporti positivi anche delle altre relazioni significative della propria vita (con il padre, con altre figure significative, quali nonni, educatori nella prima infanzia, con il partner) e permettono quindi il più delle volte di superare i piccoli impedimenti e le piccole difficoltà.

3. I Modelli Operativi Interni

Secondo Bowlby, il bambino costruisce, in seguito alle sue esperienze di relazione con ciascuna delle figure di attaccamento che lo accudisce nel primo anno di vita, dei *Modelli Operativi Interni*

16

(Internal Working Models - MOI), e cioè delle rappresentazioni mentali di sé con l'altro.

Nel corso del primo anno abbiamo dunque, insieme allo sviluppo del legame di attaccamento, anche la costruzione di un modello operativo interno dell'attaccamento, il quale è una sorta di "mappa" che codifica le strategie di regolazione affettiva e che guiderà l'individuo nei contesti relazionali. Questa "mappa interna" si forma nel bambino a seguito delle ripetute interazioni con la figura di attaccamento (es. la mamma, ma non solo), e riguarda la posizione che ha il Sé in relazione alla figura di attaccamento. Il ripetersi delle varie interazioni fa sì che il bambino possa costruire una serie di modelli di Sé in relazione con gli altri. Le concrete esperienze vissute vengono così generalizzate e vanno a costituire i MOI, composti da strutture mnestiche che riflettono, sia le esperienze soggettive del bambino durante le interazioni con il proprio caregiver, sia le risposte di quest'ultimo verso il bambino stesso. Tali rappresentazioni, da un lato condizionano le aspettative che ogni bambino ha nei confronti della propria figura di attaccamento e su come risponderà alle sue richieste di vicinanza e cura; dall'altro influenzano i suoi comportamenti di ricerca verso l'altro. Ciò gli consentirà di muoversi nel mondo delle relazioni in base ad essi, sapendo in un certo senso già cosa lo aspetta. Ad esempio un bambino con uno stile di attaccamento sicuro avrà un modello operativo interno in cui è prevista da un lato una figura di accudimento amorevole e attenta che si prende cura di lui, e dall'altro lato un'immagine di un Sé meritevole di amore, ed egli si muoverà nelle relazioni guidato da esperienze e attese di questo tipo. I MOI, che si formano nel primo anno di vita, potranno essere confermati da successive esperienze di interazione interpersonale, se queste si svolgeranno secondo modalità analoghe a quelle delle originarie relazioni di attaccamento, oppure potranno essere modificate in seguito a ripetuti episodi relazionali differenti (Bowlby, 1988; Liotti, 1994).

Se da un lato la Strange Situation ci consente di osservare le modalità di interazione tra figura di attaccamento e bambino, permettendoci di individuare i diversi pattern di attaccamento, dall'altro lato, nel 1985 viene messa a punto l'*Adult Attachment Interview* (AAI - Main et al, 1985) nel tentativo di classificare lo stato mentale di un adulto in relazione alla sua storia di attaccamento, e quindi di avere informazioni rispetto ai suoi modelli operativi interni. Lo "stato mentale" che viene valutato con l'AAI è come un riassunto delle rappresentazioni che ogni adulto ha di sé con l'altro, rappresentazioni che sono state di solito costruite con almeno due figure di attaccamento (il padre e la madre).

SECONDO CAPITOLO
L'EDUCATORE COME FIGURA SECONDARIA DI ATTACCAMENTO

1. La costruzione della relazione educativa

La teorizzazione di Bowlby, che ha sicuramente un sapore classico, ha avuto la capacità di influenzare, nel corso degli anni, il complesso lavoro di chi costantemente ha il compito di favorire il cambiamento ed effettuare valutazioni spesso ardue su minori.

La professione dell'educatore si può configurare come un ruolo culturale ed educativo dinamico e complesso, che si propone come interlocutore privilegiato della famiglia e di altre agenzie educative del territorio in cui opera e con esse cresce contribuendo a costruire una cultura dell'infanzia in grado di contestualizzarsi e storicizzarsi (Morsiani *et al.*, 1997).

L'educatore deve maturare una buona capacità di mediazione tra la cultura e il vissuto del bambino, deve possedere una buona capacità di mettersi in gioco e di ripensarsi continuamente alla luce delle esperienze fatte e dei possibili errori commessi.

I punti che caratterizzano la professionalità dell'educatore sono:

- l'attenzione all'inserimento graduale del bambino;

- la riflessione sulla delicatezza della condivisione delle cure fra famiglia e istituzione scolastica, nel rispetto della centralità della famiglia e della storia personale di ogni bambino;
- l'osservazione del bambino, finalizzata ad accompagnarlo nel suo percorso di crescita individuale, favorendo il consolidarsi della sua identità ed espressione del sé, attraverso il gioco e altre attività educative;
- la tensione verso un'articolazione del proprio lavoro capace di tener conto dei bisogni del bambino, ma anche di sostenere i genitori, accettando le emozioni spesso contraddittorie che accompagnano il primo processo di autonomia e distacco fra bambini e genitori;
- la capacità di progettare un percorso, strutturare l'ambiente e proporre esperienze che assecondino lo sviluppo sociale e cognitivo, secondo i ritmi di ogni bambino (Morsiani *et al.*, 1997).

La professionalità dell'educatore è legata al riuscire ad operare una sintesi tra i diversi ambiti: un sapere, di cui l'educatore è portavoce, che non guarda solo a tecniche e metodologie di cui, comunque, deve essere attento conoscitore ma che si esplica anche in un:

1. *"saper essere"*: non esiste educazione senza coinvolgimento emotivo (Bosi, 2002). L'intensità, e allo stesso tempo la

20

problematicità e la responsabilità insite nel lavoro educativo con i bambini implica una costante necessità di mettersi in gioco proprio perché la relazione con il bambino è una relazione molto delicata e coinvolgente, in quanto è, sempre, prima di tutto, relazione tra due sfere emozionali. Il bambino, infatti, è un sensibilissimo radar delle emozioni. Questo perché egli è in grado di riconoscere in maniera incontrovertibile ogni nostra reazione emotiva, a prescindere dal significato delle parole. La rappresentazione e la concettualizzazione che l'adulto esprime di un bambino determinano la sua disposizione affettiva, la condotta e il comportamento educativo;

2. *"saper interagire"*: è la relazione a generare formazione e non il contrario (Cambi, 2003). La relazione può essere indicata come la sorgente, il momento originario di ogni evento che può trasformarsi in condizione formativa e, in quanto tale, individuata come ambito privilegiato nel quale si giocano i principi che fanno della scuola, un luogo di cura e di educazione qualificata, in cui i saperi non sono trasmessi, piuttosto sollecitati ad affiorare in superficie, attraverso il contributo attivo dei bambini, del potenziale cognitivo già presente in loro, e valorizzati per le specifiche caratteristiche che li connotano e che rendono ciascun bambino una persona con un suo preciso tratto identificativo. Questa modalità di stare con i bambini, e non semplicemente accanto a loro, connota la relazione tra adulto e

bambino come relazione coevolutiva, cioè una relazione basata sulla reciprocità, dove entrambi i soggetti si mettono in gioco, partendo dal presupposto che gli effetti di quella relazione agiranno, per entrambi, producendo cambiamento e orizzonti di senso diversi e più completi. La relazione, dunque, come ambito di conoscenza che parte dal singolare, dal riconoscimento di due individualità, per aprirsi progressivamente verso il plurale, l'altro o gli altri, il contesto, lo spazio (Bosi, 2002). Ascolto empatico, condivisione e disponibilità ad accogliere bisogni e richieste creano una particolare dimensione relazionale, nella quale diviene possibile riflettere insieme ai genitori, mettere in comune e a confronto, sostenere non punti di vista ma specifiche modalità genitoriali, che sono competenze indissolubilmente legate al ruolo di educatore.

L'educatore, infatti, costruisce ed è garante di uno spazio dove sono privilegiati il pensiero, la parola, la relazione. Pensiero, inteso come spazio mentale, come disposizione verso luoghi, oggetti, giochi, affetti. Parola, non come offerta di spiegazioni e di risposte certe alle domande dei genitori, bensì nel senso di dare parola ai significati agiti, agli eventi, alle situazioni, alle emozioni. In questa visione, l'educatore dà parola alle ansie, alle paure, alle difficoltà dei bambini, dei genitori, aiutandoli a vivere e a sperimentare il superamento di timori, mettendoli in grado di leggere contenuti, emozioni e bisogni;

22

3. *"saper fare"*: ciò che è meraviglioso in un bambino è la sua promessa, non la sua esecuzione: la promessa di mettere in atto, a certe condizioni, le proprie potenzialità (Frabboni, 1996). Il saper fare si concretizza nel lavoro quotidiano dell'educatore, come messa in campo di conoscenze, metodologie e tecniche relative alle scienze dell'educazione, nonché nella riflessione e costruzione di un progetto educativo per il bambino. In particolare, uno degli aspetti fondamentali della competenza del saper fare è quello della didattica, intesa nel senso di "come" trasmettere il "sapere", favorire gli apprendimenti, scoprire e costruire gli strumenti utili al lavoro educativo in sinergia con gli altri attori scolastici (Emiliani, 2002).

Nella didattica, gli strumenti diventano mediazioni che, come il corpo, l'educatore può individuare ed utilizzare per costruire le proposte educative e favorire i percorsi di apprendimento.

Gli strumenti della didattica, o meglio le mediazioni della conoscenza, possono rappresentare elementi determinanti per un corretto sviluppo delle potenzialità del bambino, se studiati e costruiti sul campo, nel rispetto delle potenzialità dei soggetti interessati.

2. Attaccamento sicuro: passaggio dal caregiver all'educatore

Studi di follow up hanno dimostrato che a due anni i bambini con un attaccamento sicuro avevano un periodo d'attenzione più lungo, si mostravano più sicuri nell'utilizzo degli oggetti, avevano più probabilità di suscitare, nelle loro madri, il desiderio di aiutarli in compiti difficili, mostravano maggior interesse nel gioco libero. A sei anni, questi bambini "sicuri" giocavano in modo concentrato per più tempo, riuscivano a gestire meglio i conflitti con i loro coetanei, avevano più percezioni positive rispetto a quei bambini che erano stati classificati come "insicuri". Nell'interazione con i coetanei gli evitanti si mostravano ostili e distanti, mentre gli ambivalenti tendevano a mostrare una dipendenza cronica dall'insegnante ed incapaci ad impegnarsi nel gioco da soli o con i loro coetanei. Secondo Bowlby, come già discusso nel capitolo precedente, il bambino costruisce, in seguito alle sue esperienze di relazione con ciascuna delle figure di attaccamento che lo accudisce nel primo anno di vita, dei Modelli Operativi Interni (Internal Working Models - MOI), e cioè delle rappresentazioni mentali di sé con l'altro.

Le concrete esperienze vissute vengono così generalizzate e vanno a costituire i MOI, composti da strutture mnestiche che riflettono, sia le esperienze soggettive del bambino durante le interazioni con il proprio caregiver, sia le risposte di quest'ultimo verso il bambino

24

stesso. Tali rappresentazioni, da un lato condizionano le aspettative che ogni bambino ha nei confronti della propria figura di attaccamento e su come risponderà alle sue richieste di vicinanza e cura; dall'altro influenzano i suoi comportamenti di ricerca verso l'altro. I MOI, che si formano nel primo anno di vita, potranno essere confermati da successive esperienze di interazione interpersonale, se queste si svolgeranno secondo modalità analoghe a quelle delle originarie relazioni di attaccamento, oppure potranno essere modificate in seguito a ripetuti episodi relazionali differenti (Bowlby, 1988; Liotti, 1994).

In tale ottica acquista particolare importanza il passaggio del testimone dal caregiver all'educatore, soprattutto nei servizi di accoglienza della prima infanzia. Con l'ingresso al nido la figura dell'educatrice diviene centrale nel processo di crescita cognitiva, emotiva e sociale del piccolo: promotore di un sano sviluppo è il legame di attaccamento instaurato tra educatrice e bambino.

L'ingresso al nido può essere considerato come una "Strange Situation naturale" (Mantovani, Saitta, Bove, 2000); l'inserimento al nido rappresenta infatti "il primo distacco del bambino dalla famiglia [...] all'interno di un servizio organizzato" (Mantovani, 2000,p.13). Rispetto alla Strange Situation, i tempi sono diversi e flessibili e non vi sono consegne rigide al genitore, ma, come nella "situazione insolita", bambino e genitore fanno il loro ingresso al nido, che

25

rappresenta un ambiente nuovo e non ancora familiare. Il genitore generalmente accompagna il bambino in sezione, rimane un po' con lui, agendo da "base sicura", poi si allontana e il bambino rimane con l'educatrice; infine il genitore rientra e la coppia si ricongiunge. Il distacco dal genitore e il suo riavvicinamento avvengono alla presenza di un "terzo", l'estraneo nella Strange Situation e l'educatore nel caso dell'inserimento. La presenza di questa figura media il passaggio tra genitore e figlio: un passaggio che non è solo fisico ma anche psicologico, che "segna l'inizio di un processo di elaborazione delle prime forme di autonomia del bambino dal genitore" (Restuccia Saitta, 2000, p. 16) e viceversa. Rispetto alla procedura sperimentale della Strange Situation, nell'inserimento l'educatore ricopre il ruolo di facilitatore dell'apertura della diade dalla dimensione di coppia alla dimensione sociale; aiuta ad evitare che il distacco, per il bambino e il genitore, si traduca in un'esperienza traumatica, facendo in modo che proprio la separazione possa diventare un'esperienza di crescita relazionale, in cui "la paura dell'abbandono si trasforma in attesa creativa del ricongiungimento" (Marchesi, Benedetti, Emiliani, 2002, p. 151).

In questo senso "alle educatrici spetta il delicatissimo compito di aiutare madre e bambino a lasciarsi e ritrovarsi con serenità" (Mantovani, Terzi, 1997, p. 225), offrendo un senso di continuità tra la vita familiare e quella sociale.

CONCLUSIONI

Le considerazioni sull'inserimento in ambito scolastico del bambino, le pratiche per facilitare il distacco tra bambino e genitore e costruire gradualmente nuove opportunità relazionali, hanno profondi nessi con la prospettiva dell'attaccamento e, proprio come la teoria dell'attaccamento, sollecitano interessanti riflessioni di carattere trans-culturale.

Le pratiche attraverso cui bambini, genitori ed educatori si predispongono quotidianamente a interagire, ad accogliersi, a vivere l'esperienza del lasciarsi e del ritrovarsi, creano occasioni per conoscersi meglio, familiarizzare, stabilire i reciproci posizionamenti e ruoli. D'altro canto, come per l'ambientamento, questi "momenti di transizione" sono carichi di valenze emotive; in questi momenti, in cui sono compresenti bambino, educatore, genitore e coetanei, come abbiamo visto nel corso del presente lavoro, si giocano complesse dinamiche di interazione che hanno un ruolo fondamentale nella crescita affettiva, relazionale e cognitiva del bambino.

Partendo dai ben noti fondamenti bowlbiani, il libro si è posto come obiettivo quello di entrare nel merito di aspetti meno conosciuti della teoria dell'attaccamento. E' stata ripercorsa la teorizzazione sul "sistema di attaccamento-accudimento" allargandola dalla diade

27

madre-bambino alla relazione educativa in senso lato. In conclusone, è emerso come l'educatore possa a pieno titolo configurarsi come figura secondaria di attaccamento, andando ad interagire con i modelli di attaccamento trasmessi dalle figure primarie. Si tratta del costrutto di "trasmissione intergenerazionale dell'attaccamento". Con questo termine si indica quel processo di assimilazione e accomodamento che porta al cristallizzarsi dei modelli operativi interni, che peraltro saranno complementari a quelli del genitore.

Si è potuto quindi affermare, sulla scorta di ricerche e studi approfonditi, tre punti fondamentali:

- l'attaccamento influenza la psiche del bambino e, se disfunzionale, può contribuire a disorganizzare la personalità in evoluzione, soprattutto in famiglie ad elevato rischio psicosociale;
- l'educatore può avere un ruolo nello sviluppo dell'attaccamento infantile ed attutirne l'impatto sulla personalità attraverso l'attivazione di un sistema attaccamento-accudimento alternativo;
- la funzione di accudimento dell'educatore è influenzata dalle sue rappresentazioni di attaccamento.

La figura dell'educatore, da una parte svolge un importante ruolo di regia che non guida rigidamente verso mete stabilite a priori, bensì segue in modo attento e intenzionale, e non già passivo e spontaneistico, il cammino autonomo dei suoi piccoli utenti; dall'altra parte ella diventa per il bambino fondamentale veicolo di riconoscimento della propria individualità e, in quanto tale, deve riuscire ad assumere un atteggiamento avalutativo e di sospensione del giudizio, nel tentativo di accogliere le forme di espressione di sé che ogni bambino propone.

Anche il rapporto con i genitori assume tutta la sua centralità, dal momento che la famiglia, in quanto ineludibile tassello di quella globalità che costituisce la persona, rappresenta una realtà da cui non si può prescindere nell'accompagnare il percorso di costruzione identitaria dell'individuo.

BIBLIOGRAFIA

Bee, H. (1989), Il bambino e il suo sviluppo, Zanichelli, Bologna.

Bowlby J., (1980), Attaccamento e perdita. Vol. 3: La perdita della madre, Boringhieri, Torino.

Bowlby J.,(1989), Una base sicura. Cortina, Milano

Bosi R., (2002), Pedagogia al nido. Sentimenti e relazioni, Carocci Faber, Roma.

Bromberg M.P. (2006a), Destare il sognatore. Percorsi clinici, Raffaello Cortina Editore, Milano.

Cambi F., (2003), Manuale di storia della pedagogia, Editori Laterza, Bari.

Emiliani F., (2002), I bambini nella vita quotidiana. Psicologiasociale della prima infanzia, Carocci, Roma.

Gergen, K.J., Gergen, M.M. (1986), Psicologia sociale, Il Mulino, Bologna.

Liotti G., (1994), La dimensione interpersonale della coscienza. La Nuova Italia Scientifica, Roma.

Main, J. e Solomon, (1990), L'attaccamento disorganizzato, Il Mulino, Bologna.

Mantovani S., Restuccia Saitta L., Bove C., (2000), Attaccamento e inserimento. Stili e storie delle relazioni al nido, Milano: Franco Angeli.

Morsiani et al, (1997) a cura di Vanna Iori, Educatori e pedagogisti, le Guide Erikson , Trento.

Printed by Amazon Italia Logistica S.r.l.
Torrazza Piemonte (TO), Italy

50938971R00018